Diseño y realización: delicado diseño

Corrección de textos y mapas: Ana Doblado

Maquetación: Antonio Molina

Cartografía: dd

Documentación fotográfica: Blanca Luz

Documentación de ilustraciones: Silvia Candeal

Ilustraciones: John Francis, Martin Camm,
    Jim Channell, Dick Twinney, José María Rueda,
    Fernando Fernández, Juan Xarrié, Carlos Molino
    y Pablo Jurado

© SUSAETA EDICIONES S.A.
Campezo 13 - 28022 Madrid
Tel.: 91 3009100
 www.susaeta.com

ATLAS
de los
Animales

susaeta

Índice

Manhattan, en Nueva York, Estados Unidos.

Machu Picchu, en Perú.

Torre Eiffel, en París, Francia.

ÁFRICA

26

Pirámides de Guiza, en Egipto.

ASIA

32

Gran Muralla, en China.

38

OCEANÍA

Señales de paso de canguros
en las carreteras australianas.

LOS POLOS

42 # La Antártida **44**

Glaciares, en
el Ártico.

El Ártico

Icebergs, en
la Antártida.

Uso de los mapas

Con este *Atlas de los Animales* descubrirás a través de los mapas cuál es la fauna característica de cada continente, qué animales viven en los diferentes países del mundo y en qué hábitat se mueven: bosques, sabanas, desiertos…

Cada continente se presenta en una doble página con su mapa político y un texto introductorio. De esta forma podrás identificar los distintos países que lo componen, con su capital y su bandera. Las zonas limítrofes, pertenecientes ya a otros continentes, se diferencian por su color blanco. A continuación, y para facilitar la visualización de las regiones donde habitan los animales más característicos, te ofrecemos el mapa físico del continente fragmentado en varias páginas. Así te resultará más fácil localizar los animales de las distintas zonas, al tiempo que conocerás los cultivos y los recursos económicos que sustentan a la población en cada lugar del mundo.

YEMEN

YIBUTI
YIBUTI

Cordero

Cabra

SOMALIA

Shebele

MOGADISCIO

Juba

Bananas

O C É A N O
Í N D I C O

ISLAS SEYC

COMORAS
MORONI

MADAGASCAR

Rana

Lémur

ANTANANARIVO

Camaleón

Para descifrar el significado de los símbolos que aparecen en los mapas de este atlas, así como los diferentes tipos de rotulación, te damos aquí unas pequeñas indicaciones:

Líneas

 frontera entre países

frontera entre países de otro continente, o límite entre estados de un mismo país

río

zona pantanosa, humedales

lago

Paisajes

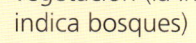 zona montañosa (a mayor intensidad del color, mayor altitud)

vegetación (la intensidad del color indica bosques)

mar u océano (más claro el color en las zonas menos profundas)

Rótulos

SUDÁFRICA   país

CEUTA
ESPAÑA   territorio dependiente y país al que pertenece

■ ROMA   capital del país

● Ciudad del Cabo   ciudad importante

▲ *Ras Dashen*   montaña de mayor altitud

OCÉANO ATLÁNTICO   océano

Mar Caspio   mar

Isla de Ibiza   isla

Nilo, Lago Victoria   río, lago

Globos terráqueos

Para que no tengas ninguna duda de dónde te encuentras en cada momento, verás que al comienzo de cada capítulo dedicado a un continente hay una rosa de los vientos que indica la posición de dicho continente en el globo terráqueo.

Datos y curiosidades

Para ampliar la información, te ofrecemos en pequeños cuadros algunos datos y curiosidades de los continentes: las ciudades con mayor población, los ríos más largos, las montañas más altas, etc.

DATOS Y CURIOSIDADES

Grandes ciudades
Novosibirsk: 1.400.000 hab.
Omsk: 1.200.000 hab.

Río más largo
Yenisey-Angara: 5.540 km

Montaña más alta
Sopka Kliuchevskaya 4.675 m

Lago más grande
El Baikal, con 30.500 km², es el lago natural más profundo del mundo.

Ahora que ya conoces las herramientas para utilizar el atlas, comienza tu fascinante viaje por los seis continentes. Te sorprenderás de la cantidad de animales que viven en ellos y lo distintos que son según el paisaje que habitan. Disfruta el viaje y aprende a conocer a tus amigos los animales.

Dibujos rotulados

Además de los animales que te mostramos junto con un texto explicativo sobre su modo de vida, verás que en los mapas aparecen pequeños dibujos de diversas especies en las regiones donde son más frecuentes. Pero también hemos querido que conozcas los recursos de que se valen los seres humanos para vivir en esos mismos lugares: pesca, fruta, ganado, madera, gas, petróleo, minerales…

Uvas

Pez payaso

Globo

Foca

Sardina

Gallina

Tucán

Naranjas

Minería

Reno

Trasatlántico

Liebre ártica

OCÉANO GLACIAL ÁRTICO

Golfo de Amundsen

Mar de Beaufort

Golfo de Boo

ALASKA
ESTADOS UNIDOS

Golfo de Alaska

OCÉANO
PACÍFICO

CANADÁ

Canadá

Islas Aleutianas

Manhattan, en Nueva York, Estados Unidos de América.

ESTADOS UNIDOS
DE AMÉRICA

Estados Unidos de América

WAS

Las manadas de lobos
Los lobos viven en manadas y marcan con aullidos su territorio. Tienen un gran sentido del olfato: captan olores a mucha distancia.

Golfo de California

México

Golfo de M

MÉXICO

Cuba

MÉXICO D.F.

Belice

BE

GUATEMALA
CIUDAD DE GUATEMALA

El Salvador

Guatemala

Nicaragua

SAN SALVADOR
EL SALVADOR

H
TE

Honduras

Costa Rica

Panamá

C

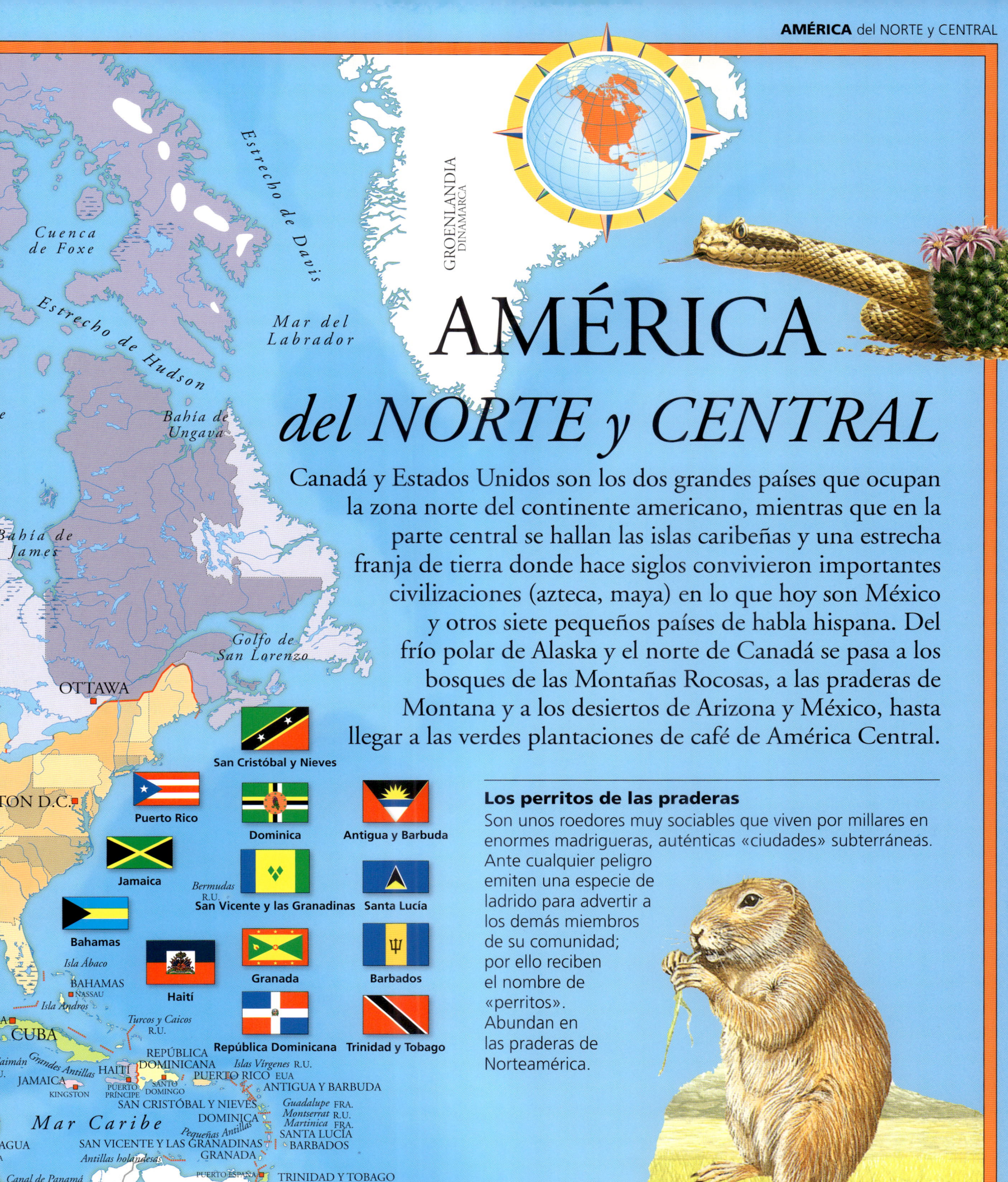

GROENLANDIA DINAMARCA

Estrecho de Davis

Mar del Labrador

Cuenca de Foxe

Estrecho de Hudson

Bahía de Ungava

Bahía de James

Golfo de San Lorenzo

OTTAWA

TON D.C.

AMÉRICA
del NORTE y CENTRAL

Canadá y Estados Unidos son los dos grandes países que ocupan la zona norte del continente americano, mientras que en la parte central se hallan las islas caribeñas y una estrecha franja de tierra donde hace siglos convivieron importantes civilizaciones (azteca, maya) en lo que hoy son México y otros siete pequeños países de habla hispana. Del frío polar de Alaska y el norte de Canadá se pasa a los bosques de las Montañas Rocosas, a las praderas de Montana y a los desiertos de Arizona y México, hasta llegar a las verdes plantaciones de café de América Central.

San Cristóbal y Nieves

Puerto Rico

Dominica

Antigua y Barbuda

Jamaica

Bermudas R.U.
San Vicente y las Granadinas

Santa Lucía

Bahamas

Haití

Granada

Barbados

República Dominicana

Trinidad y Tobago

Los perritos de las praderas

Son unos roedores muy sociables que viven por millares en enormes madrigueras, auténticas «ciudades» subterráneas. Ante cualquier peligro emiten una especie de ladrido para advertir a los demás miembros de su comunidad; por ello reciben el nombre de «perritos». Abundan en las praderas de Norteamérica.

Isla Ábaco

BAHAMAS
NASSAU
Isla Andros

CUBA

Caimán Grandes Antillas
U.
JAMAICA
KINGSTON

Turcos y Caicos R.U.

HAITÍ
REPÚBLICA DOMINICANA
PUERTO PRÍNCIPE
SANTO DOMINGO

Islas Vírgenes R.U.
PUERTO RICO EUA
ANTIGUA Y BARBUDA

SAN CRISTÓBAL Y NIEVES

Guadalupe FRA.
Montserrat R.U.
Martinica FRA.
SANTA LUCÍA

Mar Caribe
DOMINICA
Pequeñas Antillas
SAN VICENTE Y LAS GRANADINAS
BARBADOS
GRANADA

Antillas holandesas

Canal de Panamá
PANAMÁ
PANAMÁ

PUERTO ESPAÑA
TRINIDAD Y TOBAGO

RAGUA A

VENEZUELA

GUYANA
SURINAM
GUAYANA FRANCESA
COLOMBIA

11

El caribú es presa de los lobos

Un lobo solo no puede con un caribú, pero si van en manada lo rodean y acosan hasta que el caribú acaba agotado y cae.

Golfo de Amundsen

Oso po

Mar de Beaufort

Petróleo

Gas

Petróleo

Oso polar

ALASKA
ESTADOS UNIDOS

Bosques

Vuelos privados

Bosq

Liebre ártica

Mineria

6.194 m
Monte McKinley

Montes de Alaska

Bosques

Madera

CANADÁ

Golfo de Alaska

OCÉANO PACÍFICO

Alce

Salmón

Islas Aleutianas

Salmón

Gas

Petróleo

Navegación aérea

Mineria

Los últimos bisontes

A principios del siglo XX había varios millones de bisontes, pero en la actualidad solo quedan unos 15.000, diseminados por Estados Unidos. Los conocemos, sobre todo, por las películas del Oeste.

Pesca

Cordero

ESTADOS UNI
DE AMÉRIC

La serpiente de cascabel

Es muy abundante en América del Norte. Con el sonido de cascabel de su cola ahuyenta al enemigo. Mata a sus víctimas con veneno y se las traga enteras..

Minas de oro

Gas

Caballos

Serpientes

Ballena azul

Golfo de California

Escorpión

Refin
de petr

MÉXICO

MÉXICO D.F.

El pez ángel

Habita en los arrecifes de coral y sus rayas de vivos colores le sirven para reconocer a los de su especie entre miles de peces multicolores.

GUA
CIUDAD DE GUAT

DATOS Y CURIOSIDADES

Grandes ciudades
México D.F.: 20.965.000 hab.
Nueva York: 18.603.000 hab.

Río más largo
Misisipi-Misuri: 6.019 km

Montaña más alta
McKinley/Denali: 6.194 m

Lago más grande
El lago Superior, que hace
frontera entre Canadá y EE UU:
82.350 km². Es el segundo lago
más grande del mundo.

Oso polar

Bahía de Boothia

Cuenca de Foxe

Estrecho de Hudson

Península de Ungava

Bahía de Hudson

Bahía de Ungava

Mar de Labrador

Leaf

George

Ballena yubarta

Bahía de James

Minería

Atawapiskat

Lago Nipigon

Eastmain

San Lorenzo

Minas de oro

Agricultura

Golfo de San Lorenzo

Lago Superior

L. Michigan

L. Huron

OTTAWA

L. Ontario

Lago Erie

Nueva York

WASHINGTON D.C.

Tennessee

NASA

falo

Delfines

Pesca

Bermudas R.U.

Perritos de las praderas

Caimán

Golfo de México

Isla Ábaco

BAHAMAS
NASSAU

Trasatlántico

Isla Andros

LA HABANA

CUBA

Turcos y Caicos R.U.

Islas Caimán R.U.

Grandes Antillas

HAITÍ

REPÚBLICA DOMINICANA

Islas Vírgenes R.U.

PUERTO RICO EUA

ANTIGUA Y BARBUDA

JAMAICA

KINGSTON

PUERTO PRÍNCIPE

SANTO DOMINGO

SAN CRISTÓBAL Y NIEVES

Guadalupe FRA.
Montserrat R.U.
Martinica FRA.

BELICE
BELMOPAN

DOMINICA

Pequeñas Antillas

SANTA LUCÍA

Piña

HONDURAS
TEGUCIGALPA

Caribe

SAN VICENTE Y LAS GRANADINAS

SANTA LUCÍA
BARBADOS

OR
NICARAGUA

MANAGUA

Antillas holandesas

GRANADA

Tiburón

Canal de Panamá

PUERTO ESPAÑA

TRINIDAD Y TOBAGO

SAN JOSÉ
COSTA RICA

PANAMÁ
PANAMÁ

Bananas

GROENLANDIA
DINAMARCA

Los cuernos del alce

Los alces viven en el norte
de Canadá. En otoño los machos estrenan cuernos y las
hembras hacen mucho ruido para atraerlos. Los machos
pelean con los cuernos para decidir quién se queda con
la hembra.

El gran tiburón blanco

Tiene unos
temibles
dientes y
es un gran
devorador.
Caza lobos marinos,
atunes, delfines… y
también ataca
al hombre.

El olor de la mofeta

Bajo su cola, la mofeta segrega un líquido de
olor repugnante que lanza a sus
enemigos para espantarlos.

NICARAGUA · *Mar Caribe* · *Aruba* · *Curaçao* · BARBADOS
COSTA RICA · *Canal de Panamá* · SAN VICENTE Y LAS GRANADINAS
PANAMÁ · GRANADA
TRINIDAD Y TOBAGO

CARACAS

VENEZUELA

Colombia

BOGOTÁ

GEORGETOWN
PARAMARIBO

Guyana

Guyana

SURINAM

COLOMBIA

GUYANA

GUAYANA
FRANCESA
FRANCIA

Venezuela

Surinam

QUITO

ECUADOR

Ecuador

PERÚ

Brasil

Perú

LIMA

BRASIL

BOLIVIA

LA PAZ

BRASILIA

Bolivia

PARAGUAY

Paraguay

ASUNCIÓN

PARAGUAY

**OCÉANO
PACÍFICO**

**OCÉANO
ATLÁNTICO**

Argentina

URUGUAY

Delfines
Viven en grupos
y son muy sociables.
Les encanta jugar
y son excelentes
nadadores.

MONTEVIDEO

Uruguay

SANTIAGO

BUENOS AIRES

Río de la Plata

CHILE

ARGENTINA

La larga cola del quetzal
El quetzal es un ave de color verde
esmeralda típica de la selva tropical.
Las plumas de su cola llegan a
medir medio metro.

Chile

Golfo de San Matías

Isla de Chiloé

*Archipiélago
Los Chonos*

Golfo de Penas

*Golfo de
San Jorge*

*Islas Malvinas
R.U.*

Estrecho de Magallanes

*Islas Georgias del Sur
R.U.*

*Isla Grande de
Tierra del Fuego*

Isla Santa Inés

Cabo de Hornos

14

AMÉRICA
del SUR

La larga cordillera de los Andes –que se extiende de norte a sur frente a la costa del Pacífico–, las plantaciones de café en Colombia, la selva virgen de la Amazonia en Brasil o los ricos pastos para el ganado vacuno de la extensa Pampa argentina contrastan con el árido desierto de Atacama, en Chile –el lugar más seco del mundo– y los gélidos glaciares al sur de la Patagonia: una gran riqueza de recursos naturales que en el pasado permitió el desarrollo de la cultura inca en Perú y que en la actualidad ofrece un enorme potencial económico.

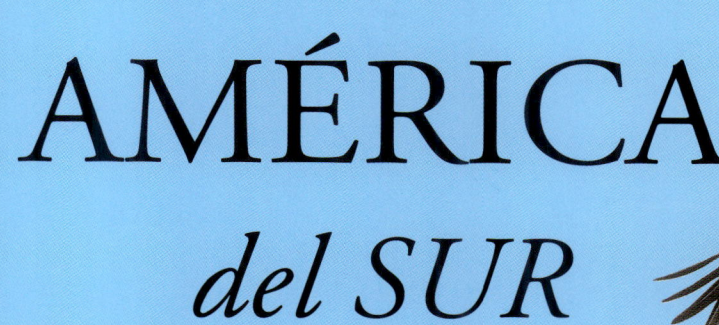

Machu Picchu, en Perú.

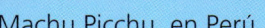

El pato cortacorrientes
Vive en los Andes, nadando y buceando en las corrientes rápidas de los ríos. Su rígida cola le sirve de timón y tiene tanta fuerza que es capaz de remontar río arriba contra la corriente.

El mono aullador

Vive en las selvas tropicales y es el mono más ruidoso del mundo: sus aullidos se pueden oír a varios kilómetros. Tiene una larga cola que le permite colgarse de los árboles y buscar las hojas y frutos con facilidad.

Bien útil que es la llama

En Perú, la llama es un valioso animal doméstico que proporciona carne, leche, lana, piel y grasa. Además, aunque no es tan fuerte como una mula, puede transportar cargas en las largas travesías por los Andes.

DATOS Y CURIOSIDADES

Grandes ciudades
São Paulo: 17.834.000 hab.
Buenos Aires: 11.931.000 hab.

Río más largo
Amazonas: 6.448 km

Montaña más alta
El Aconcagua, con 6.960 m, está situado en la cadena montañosa más larga del mundo: los Andes.

Lago más grande
Lago Titicaca: 8.300 km^2

NICARAGUA
Mar Caribe
Aruba
Curaçao
COSTA RICA
Canal de Panamá
CARAC
PANAMÁ
VENEZ
BOGOTÁ
Meta
Petróleo
Guaviare
Orinoco
Llanos
Magdalena
Petróleo
COLOMBIA
QUITO
Caquetá
Japurá
ECUADOR
Putumayo
Bananas
Iuruá
Amazonas
Pesca
Llama
Ucayali
Tortuga
PERÚ
LIMA
OCÉANO
Andes
Minería
Pobla
indíg
PACÍFICO
Lago Titicaca
LA PA
B
Lag
Minas de cobre
Os
6.960 m
Aconcagua
SANTIAGO
Salado
CHILE
ARG
Pesca
Ne
Isla de Chiloé
Armadillo
Archipiélago
Los Chonos
Lago
Salmón
Buenos Aires
Golfo de Penas
Andes
Patagonia
Refiner
de petró
Madera
Estrecho d
Isla Santa Inés
Isla C
Tierra
Expediciones

BARBADOS
SAN VICENTE Y LAS GRANADINAS
GRANADA
TRINIDAD Y TOBAGO

GEORGETOWN
PARAMARIBO

Gran bana

GUYANA
SURINAM
GUAYANA FRANCESA
FRANCIA

Tucán

Amazonas

Aguacate

Xingu

Catinga

va del Amazonas

Capibara

Bananas

BRASIL

Mato Grosso

Papaya

Geral Do Goiás

Tocantins

São Francisco

Serra

BRASILIA

Sierra de Espinhaço

Madera

Agricultura

Tucán

Cacao

Paraná

PARAGUAY

Pilcomayo
Bermejo

ASUNCIÓN

Campos

Sierra de Mar

São Paulo

niguero

Minería

Turismo

Cordero

URUGUAY

Pesca

mpa
NOS AIRES

MONTEVIDEO

TINA

Río de la Plata

o

Delfines

de San Matías

Islas Malvinas
R.U.

nes

ornos

Pingüino

Los perezosos

Los encontramos en las selvas tropicales de América del Sur. Con sus largas uñas se cuelgan de las ramas boca abajo y se pasan así horas, incluso para dormir.

Turismo

La piel del jaguar

Su hermoso pelaje ha motivado la caza desmedida por parte del hombre y, hoy día, quedan ya muy pocos jaguares. Habitan en la selva americana y suelen hacer vida nocturna.

Turismo

OCÉANO ATLÁNTICO

Shag Rocks
R.U.

Islas Georgias del Sur
R.U.

El tucán

Se encuentra en América Central y del Sur. Hay 35 clases de tucanes en la selva tropical. El color los distingue para atraer a la hembra de su clase.

El delfín

El delfín recién nacido toma leche de su madre; por eso es un mamífero.
Los delfines viven en grupos y se comunican mediante gritos agudos. Estos chillidos los utilizan también como sónar para orientarse y permanecer juntos. Habitan las aguas templadas del Atlántico Norte y el Mediterráneo.

Torre Eiffel, en París, Francia.

El martín pescador

De pico largo y puntiagudo, habita en las orillas de las lagunas de Europa y se alimenta de peces y pequeños animales acuáticos.

Islandia

ISLANDIA

REIKIAVIK

Islas Feroe
DINAMARCA

Suduroy

Islas Shetland
R.U.

Islas Orcadas

Islas Hébridas

Noruega

OSLO

ESTOCOLMO

NORUEGA

SUECIA

Reino Unido

ESCOCIA

Mar del Norte

Islas Frisias

DINAMARCA
COPENHAGUE

Ola

Dinamarca

Irlanda

IRLANDA DEL NORTE

Isla de Man

REINO UNIDO

PAÍSES BAJOS

ALEMANIA
BERLÍN

DUBLÍN

IRLANDA

INGLATERRA

GALES

LONDRES

ÁMSTERDAM

Alemania

Polo

PRAGA

REPÚBLIC

Bélgica

Países Bajos (Holanda)

Mar Céltico

Canal de la Mancha

BÉLGICA

BRUSELAS

LUXEMBURGO

PARÍS

Luxemburgo

Liechtenstein

FRANCIA

BERNA

VIENA
AUSTRIA

SUIZA

LIECHTENSTEIN

ESLOVENIA
LIUBLIANA

BO

Andorra

Golfo de Vizcaya

Francia

Suiza

ITALIA

SAN MARINO

CROACIA

MÓNACO

OCÉANO ATLÁNTICO

ANDORRA

ANDORRA LA VIEJA

SAN MARINO
CIUDAD DEL VATICANO

Córcega

ROMA

Mar Adria

Portugal

ESPAÑA

MADRID

Islas Baleares

Menorca

Mallorca

Cerdeña

Italia

Islas Azores
PORTUGAL

LISBOA

PORTUGAL

España

Ibiza

Mar Medit

GIBRALTAR
R.U.

MELILLA
ESPAÑA

San Marino

MA

Estrecho de Gibraltar

CEUTA
ESPAÑA

La Valet

Islas Madeira
PORTUGAL

MARRUECOS

Mónaco

Ciudad del Vaticano

Austria

Islas Canarias
ESPAÑA

La Palma
Gomera
Hierro

Tenerife

Lanzarote
Fuerteventura

Gran Canaria

ARGELIA

Eslovenia

Croacia

SAHARA OCCIDENTAL

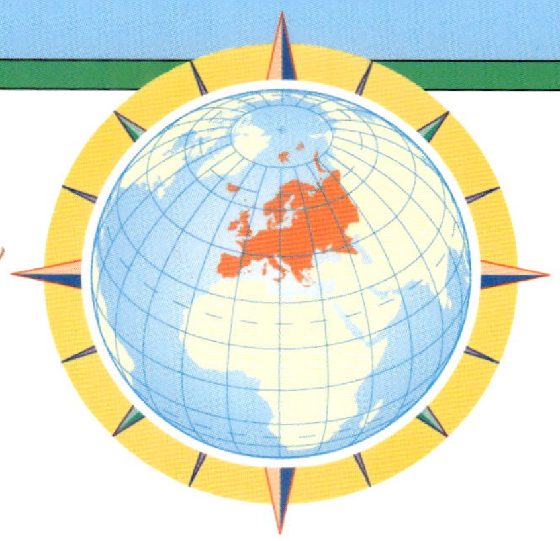

EUROPA

Es el segundo continente más poblado y su límite por el este lo marcan los montes Urales, en Rusia, que hacen que este país pertenezca a dos continentes (Europa y Asia). Los paisajes son tan variados como el clima, más frío y lluvioso al norte –incluso con hielos permanentes y glaciares en Islandia y Escandinavia– y más cálido y seco al sur, en toda la cuenca mediterránea. Montañas y bosques se alternan con extensas mesetas de cultivos y dehesas. En Europa, países con una larga existencia conviven con otros de reciente creación.

Avispas y mariposas
Revolotean por el campo, alimentándose del néctar de las flores.

Mapa:

Cabo Norte
Mar de Barents
Isla Mezhdus...
Isla Kolguyev
Cabo Kanin Nos
Bahía de Chesha
Mar Blanco

Suecia
Finlandia
FINLANDIA
HELSINKI
Golfo de Finlandia
TALLIN
ESTONIA
Estonia
Letonia
RIGA
LETONIA
Lituania
LITUANIA
(RUSIA)
VILNA
MINSK
BIELORRUSIA
Bielorrusia
OLONIA
RSOVIA
KIEV
UCRANIA
Ucrania
MOLDAVIA
DAPEST
RUMANIA
BUCAREST
Rumania
RBIA
BELGRADO
VINA
NTENEGRO
SOFÍA
BULGARIA
SKOPIE
MACEDONIA
GRECIA
ATENAS
Mar Egeo
Rodas
Creta
Malta
Grecia
Albania
Macedonia
EGIPTO
IA

RUSIA
Rusia
MOSCÚ
República Checa
Eslovaquia
Hungría
Bosnia-Herzegovina
Moldavia
Mar de Azov
Mar Negro
Bósforo
Bulgaria
ANKARA
ARMENIA
AZERBAIYÁN
Mar Caspio
TURQUÍA
Turquía
Serbia
Montenegro
NICOSIA
CHIPRE
SIRIA
IRAQ
IRÁN
LÍBANO
ISRAEL
PALESTINA
Chipre
JORDANIA
KUWAIT
ARABIA SAUDÍ

Ardillas
Hay muchos tipos de ardilla. Las ardillas rayadas pasan la mayor parte del tiempo buscando alimento y durmiendo. Les gusta trepar a los árboles y se alimentan básicamente de semillas y nueces.

La berrea de los ciervos

Los ciervos viven en los bosques. Al final del otoño se aparean; entonces los machos emiten unos berridos muy fuertes para atraer a las hembras y se pelean con otros machos usando los cuernos.

Jan Mayen
NORUEGA

ISLANDIA

■ REIKIAVIK

Bacalao

El salmón vuelve siempre

Nace en los cristalinos ríos de montaña y la larva que sale del huevo se deja llevar por la corriente y crece en su camino hacia el océano. El salmón adulto volverá al río de montaña remontándolo a contracorriente para poner sus propios huevos y luego morir.

El íbice

Habita en las altas regiones alpinas formando rebaños. Es una especie de cabra salvaje que salta y trepa con gran facilidad.

Islas Feroe
DINAMARCA

Suduroy

Islas Shetland
R.U.

Refine‹
de petró‹

Bacalao

Aren‹

Islas Orcadas

Islas Hébridas

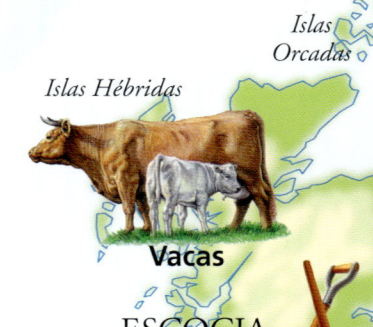

Vacas

Refinería de petróleo

ESCOCIA

Minería INGLATERRA

IRLANDA DEL NORTE

Petrole‹

Mar No

Cabo Norte

Mar de Noruega

Sana

Inari

Reno

Lago Imandra

Indígenas

Escandinavia

Torneälven

Bacalao

Luleälven

Kemi

Madera

Alce

Pesca

L. Vyg

FINLANDIA

Oulujärvi

SUECIA

Lago Region

Lobo

NORUEGA

Gallo

Lag One...

Minería

Lago Ladoga

▲ *2.479 m Galdhøpiggen*

Minería

HELSINKI

Åland

San Petersburgo

OSLO ■

Zorro

ESTOCOLMO ■

Golfo de Botnia

Golfo de Finlandia

TALLIN ■

Vacas

ESTONIA

Vänern

Lago Peipus

Gotland

Vättern

Vacas

Cerdo

Vacas

Oland

Cerdo

RIGA ■

Reno

LETONIA

Mar Báltico

Cerdo

COPENHAGUE ■

LITUANIA

Vacas

Agricultura

DINAMARCA

(RUSIA)

VILNA ■

El oso pardo

Es un animal solitario y nómada. Vive en bosques, oculto en la densa vegetación, y se alimenta de hierbas, bayas y pequeños mamíferos. En España está en peligro de extinción. Solo quedan unos pocos ejemplares en la Cordillera Cantábrica y en los Pirineos.

La nocturna lechuza

La lechuza es una rapaz que caza por la noche gracias a sus extraordinarios sentidos de la vista y el oído. Suele encaramarse a una rama para vigilar con atención y, cuando ve algún animal en la oscuridad, se abalanza sobre él con sus patas extendidas.

Islas Orcadas
Islas Hébridas

Bacalao

Vacas

ESCOCIA

Refinería de petróleo

IRLANDA DEL NORTE

Minería   INGLATERRA

Isla de Man

Marisco   Oveja   Vacas

DUBLÍN

IRLANDA   REINO UNIDO

GALES   LONDRES

Mar Céltico   Avispa

Canal de la Mancha

Petrolero

Fruta   Sena

FRAN

Turismo   Navega aére

Caballa   Golfo de Vizcaya   Gas

Minería   Pirineos

Corderos   Ebro

PORTUGAL   ESPAÑA

MADRID   Tajo

Sardina   Isla

Naranjas

LISBOA   Lince   Vides

Pesca   Sierra Morena   Guadalquivir

Gamba

GIBRALTAR R.U.   MELILLA ESPAÑA   Langostino

Estrecho de Gibraltar   CEUTA ESPAÑA

Vacas

arenque

trolero

ar del Norte

Islas Frisias

ÁMSTERDAM

ÍSES BAJOS

BRUSELAS
BÉLGICA
LUXEMBURGO

osa

A

Minería

Loira

Conejo

des

ESTOCOLMO

Vänern

Vättern

Got

Oland

Cerdo

Reno

COPENHAGUE

DINAMARCA

Caballo

BERLÍN

Elba

ALEMANIA

Cerdo

Rin

PRAGA

REPÚBLICA CHEC

Danubio

VIENA

AUSTRIA

BERNA
VADUZ **Vacas**
LIECHTENSTEIN
SUIZA
Alpes
4.810 m
Mont Blanc

Macizo entral

ESLOVENIA
LIUBLIANA

ITALIA

Po

ZAGRE

Ciervo

Cie

Erizo **PO**

E

B

F

CROACIA

BOSI
HERZEC

Conejos

Los conejos son originarios de Europa, aunque en la actualidad están extendidos por todo el mundo. Forman pequeños grupos familiares y viven en madrigueras.

La tortuga y su caparazón

La tortuga mediterránea es de color pardo y habita en Europa, en campos y jardines. Se encierra en su caparazón en caso de peligro.

El pájaro carpintero

Con su fuerte pico golpea en el tronco del árbol hasta hacer un agujero, para poner allí los huevos. El pájaro carpintero se alimenta de insectos.

ORRA
ORRA LA VIEJA

Pez globo

Turismo
Menorca

Mallorca

Cruceros

MÓNACO

MÓNACO

Vides

Córcega

SAN MARINO
SAN MARINO

CIUDAD DEL VATICANO

ROMA

Gallina

Cerdeña

Caballito de mar

Naranjas

MALTA

Sicilia

LA VALET

TÚNEZ

Chott

Chott El Javid

Apeninos

Fruta

Mar Adriáti

Mar

Mediterráneo

Vides

La jineta

Es difícil de ver porque solo sale de noche y su piel manchada le sirve de camuflaje entre la maleza. Trepa a los árboles en busca de insectos, frutos y pájaros.

El goloso tejón

Con sus fuertes patas excava grandes madrigueras para refugiarse. Los tejones se alimentan de frutos, raíces, lombrices e insectos, pero también adoran la miel y no dudan en atacar las colmenas de abejas.

El zorro

De pelaje rojizo, el zorro es un cazador nocturno y solitario. Tiene un olfato muy fino. Habita en los bosques, páramos e incluso en las afueras de ciudades y pueblos. Su alimento favorito son los roedores, los conejos y las gallinas.

ESTOCOLMO

Vättern

Gotland

Oland

Mar Báltico

Reno

GUE

(RUS

Ciervo

VARSOV

Erizo POLONIA

PRAGA

EPÚBLICA CHECA

Lobo

ESLOVAQUIA

VIENA BRATISLAVA

AUSTRIA BUDAPEST

HUNGRÍA

VENIA

ZAGREB

Ciervo SERBIA

BOSNIA- Ga

HERZEGOVINA BELGRAD

Fruta SARAJEVO

MONTENE

PODGORICA

Gallina

TIRANA MAC

ALBANIA

llito

ar Vides Corfú

GI

A

anjas Sicilia

MALTA

LA VALETA

neo Turismo

Mar Adriático

CROACIA

TALLIN
San Petersburgo
Zorro
ESTONIA
Lago Peipus
Cerdo
Embalse de Rybinsk
Embalse Nijni
Husky siberiano
RIGA
Vacas
NIA
Madera
Minería
UANIA
Vacas
Agricultura
MOSCÚ
VILNA
Bosques
MINSK
BIELORRUSIA
Gallina
RUSIA
Pripet
Cerdo
Agricultura
Agricultura
KIEV
Vacas
Agricultura
Dniéper
Don
UCRANIA
Perro
Cordillera de los Cárpatos
MOLDAVIA
Minería
CHISINAU
UMANÍA
Caballo
BUCAREST
Vacas
Mar de Azov
Crimea
Danubio
óleo
BULGARIA
Vides
Mar Negro
5.642 m Elbrús
Cáucaso
SOFÍA
Delfines
GEORGIA
Bósforo
IA
Minería
ANKARA
A
TURQUÍA
Mar Egeo
Rodas
NICOSIA
Creta
CHIPRE

Caballos

Domesticados desde la Antigüedad, son animales muy nobles que se han utilizado para la monta (como el árabe y el andaluz), el tiro de carruajes, las labores del campo y, más actualmente, en los deportes.

DATOS Y CURIOSIDADES

Grandes ciudades
Moscú: 9.107.000 hab.
San Petersburgo:
   4.700.000 hab.
Atenas: 3.193.000 hab.

Río más largo
Volga: 3.700 km

Montaña más alta
Elbrús: 5.642 m. Situada en la cordillera del Cáucaso, es la más alta de Europa.

Gamos

Se conocen por las manchas blancas sobre el pelaje marrón y los grandes cuernos aterciopelados, que les salen en primavera y se les caen en invierno.

Pirámides de Guiza, en Egipto.

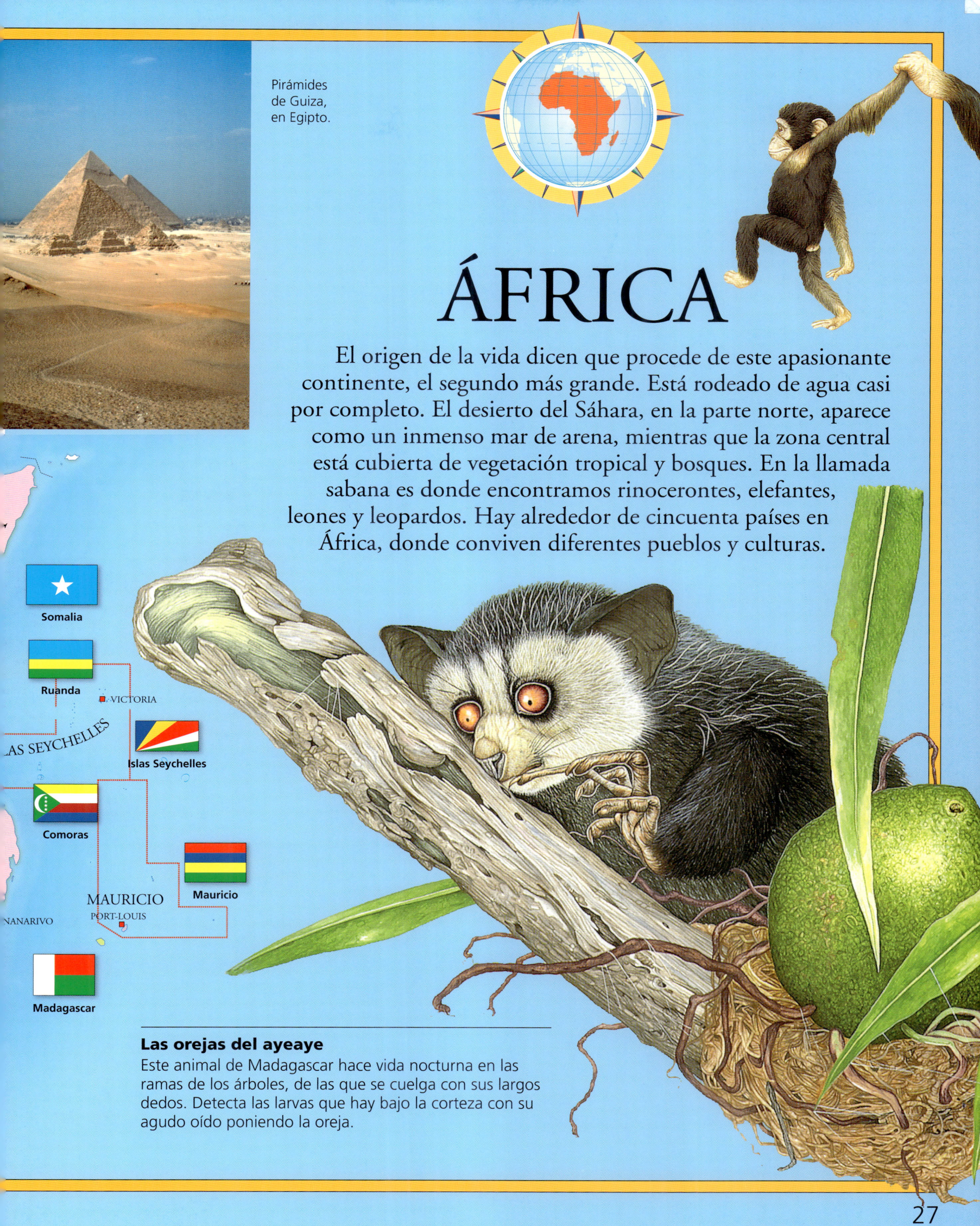

ÁFRICA

El origen de la vida dicen que procede de este apasionante continente, el segundo más grande. Está rodeado de agua casi por completo. El desierto del Sáhara, en la parte norte, aparece como un inmenso mar de arena, mientras que la zona central está cubierta de vegetación tropical y bosques. En la llamada sabana es donde encontramos rinocerontes, elefantes, leones y leopardos. Hay alrededor de cincuenta países en África, donde conviven diferentes pueblos y culturas.

Somalia

Ruanda

VICTORIA

AS SEYCHELLES

Islas Seychelles

Comoras

MAURICIO
PORT-LOUIS

Mauricio

NANARIVO

Madagascar

Las orejas del ayeaye

Este animal de Madagascar hace vida nocturna en las ramas de los árboles, de las que se cuelga con sus largos dedos. Detecta las larvas que hay bajo la corteza con su agudo oído poniendo la oreja.

Chimpancés

Son animales muy inteligentes que viven en las selvas y sabanas de África. Expresan sus emociones mediante gestos y utilizan palos o piedras como herramientas.

Hipopótamos nadadores

Viven en charcas y ríos en las zonas boscosas de África. Por la noche salen a pastar hierba en la orilla. Son grandes nadadores y a menudo caminan por el fondo del río.

Jirafa, la más alta

La jirafa puede llegar a medir más de seis metros y eso que su cuello solo tiene siete vértebras cervicales, como nuestro cuello. Se alimenta de las hojas de las ramas más altas de las acacias, que arranca con su larga lengua y su labio superior.

PORTUGAL
Islas Madeira
RABAT
MARRUECO

Pesca

ESPAÑA
Islas Canarias

Cordillera del Atlas

A

SAHARA
OCCIDENTAL
MARRUECOS

Dromedario

Minas de hierro

Refinería de petróleo

MAURITANIA
NUAKCHOT

Senegal

DAKAR
SENEGAL

GAMBIA
BANJUL

BAMAKO

MALI

B

BISSAU
GUINEA-BISSAU
GUINEA

CONAKRY

COSTA
DE MARFIL

FREETOWN
SIERRA LEONA

Piña

MONROVIA

YAMUSUKRO

LIBERIA

ABIYÁN

CABO VERDE
Santo Antão
São Tiago
PRAIA

Dromedarios

Son los camellos de una sola joroba, donde guardan toda su grasa de reserva. El hombre los utiliza en los desiertos como medio de transporte. También se bebe su leche y se come su carne.

El gálago

Tiene los ojos muy grandes para ver bien en la oscuridad, pues sale a cazar de noche. Salta de un árbol a otro pegando las patas al cuerpo y se agarra a las ramas con las ventosas de sus dedos.

SIRIA
IRAQ
IRA
L. Razzaza

TÚNEZ
Chott Melghir
Chott El Jerid
TRÍPOLI

Mediterráneo

Petrolero

ISRAEL
PALESTINA
Mar Muerto

Península del Sinaí
JORDANIA

EGIPTO
EL CAIRO

Nilo

Mar Rojo

Gas

Petróleo

Dromedario

LIBIA

Petróleo

Petróleo

Faraón

Lago Nasser

DATOS Y CURIOSIDADES

Grandes ciudades
El Cairo: 11.600.000 hab.
Lagos: 10.900.000 hab.

Río más largo
Nilo: 6.670 km. Es el río más largo del mundo.

Montaña más alta
Ras Dashen: 4.620 m

Lago más grande
El lago Chad es el más grande, variando entre 10.000 y 25.000 km² a lo largo del año.

Zorro

Erizo

Cordero

Cocodrilo

Escorpión

NÍGER

Guepardo

Darfur

SUDÁN

JARTUM

ERITREA
ASMARA

YEMEN

Abbara

Nilo Blanco

Nilo Azul

Lago Tana
4.620 m
Ras Dashen

YIBUTI
YIBUTI

Cordero

Ébano

CHAD

Lago Chad

YAMENA

Chari

NIGERIA

NIAMEY

ABUYA

Níger

Benue

Hipopótamo

SUDÁN DEL SUR

Minas de diamantes

Akobo

Sobat

ETIOPÍA
ADIS ABEBA

Jirafa

Cabra

SOMALIA

Shebeli

TOGO
BENÍN

PORTO-NOVO
LOMÉ

Lagos

REPÚBLICA CENTROAFRICANA

BANGUI

Uba

Petróleo

YUBA

Lago Turkana

MOGADISCIO

Juba

TO TOMÉ
PRÍNCIPE

Bioko
MALABO

YAUNDÉ

CAMERÚN

GUINEA ECUATORIAL

Chimpancé

Uele

Gorila

UGANDA

L. Albert
L. Kyoga

Leopardo

SANTO TOMÉ

LIBREVILLE

GABÓN

REPÚBLICA

L. Edward
KIGALI

KAMPALA
Lago Victoria

KENIA

Bananas

Leonas cazadoras

Son las hembras las encargadas de cazar y para ello se valen de sus garras. Mientras tanto, el león se ocupa de proteger a la manada, ahuyentando al posible enemigo con sus rugidos.

La hiena manchada

Es la más grande de las hienas y tiene las patas traseras más cortas que las delanteras. Caza de noche y por eso su vista, olfato y oído están muy desarrollados.

El avestruz

Es el ave más grande del mundo pero no puede volar. Sus fuertes y largas patas, sin embargo, le permiten correr a gran velocidad: puede alcanzar los 70 km/h.

DATOS Y CURIOSIDADES

Grandes ciudades
Kinshasa: 4.700.000 hab.
Ciudad del Cabo: 2.400.000 hab.
Nairobi: 2.150.000 hab.

Río más largo
Congo: 4.700 km

Montaña más alta
Kilimanjaro: 5.895 m (la más alta del continente)

Lagos más grandes
Lago Victoria: 69.500 km^2
Lago Tanganica: 32.900 km^2

CABO VERDE
Santo Antão
São Tiago
PRAIA

ABIYÁN
ACCRA

Bioko
MALABO
SANTO TOMÉ Y PRÍNCIPE
SANTO TOMÉ
YAUNDÉ
CAMERÚN
GUINEA ECUATORIAL
LIBREVILLE
GABÓN
Boa

CONGO
BRAZZAVIL
KINSHASA
Cocodrilo

Pesca

Petróleo

LUANDA
Cuanza
AN

Cebra
Cunene

Minas de c

OCÉANO ATLÁNTICO

NAMIE
WINDHO

Minas de diamantes

Minas d

Ciudad del Cabo

Chimpancé

Uele

UGANDA

L. Albert *L. Kyoga*

REPÚBLICA
EMOCRÁTICA
EL CONGO

Sankuru

L. Edward
KIGALI

KAMPALA
*Lago
Victoria*

RUANDA

BUYUMBURA

BURUNDI

Leopardo

KENIA

NAIROBI

Lago Turkan

YUBA

MOGADISCIO

Juba

SOM

Bananas

Congo

Hiena

5.895 m
Kilimanjaro

TANZANIA

DODOMA

*Lago
Tanganica*

L. Mweru

L. Rukwa

Rufiji

Gacela

**OCÉANO
ÍNDICO**

VICTORIA

ISLAS SEYCHELLES

**La larga cola
del lémur**

El lémur vive en los
bosques de Madagascar
y salta fácilmente de un
árbol a otro gracias
a su larga cola.
Cuando corre o
camina, lleva la
cola arqueada
hacia delante.

Rinoceronte

Kafue

L. Bangweulu

ZAMBIA

LUSAKA

Rovuma

COMORAS

MORONI

*Lago
Malawi
(Nyasa)*

Lurio

Rana roja

Lémur

ANTANANARIVO

Camaleón

MADAGASCAR

MAURICIO

PORT-LOUIS

*Lago
Kariba*

HARARE

Zambeze

ZIMBABUE

MOZAMBIQUE

MALAUI

LILONGÜE

Zambeze

tes

BOTSUANA

León

GABORONE

PRETORIA

Sae

Limpopo

Fruta

MAPUTO

antes

Vaal

MBABANE

SUAZILANDIA

SUDÁFRICA

MASERU

LESOTO

Orange

efante

La mangosta vive en comunidad

Las mangostas forman grupos y cazan
siempre juntas. Ante cualquier peligro
emiten pequeños gritos para avisar a las
demás. Las crías son cuidadas por todo el
grupo en la madriguera.

Zorro orejudo

Vive en el este y sur
de África. Por el día se
protege del caluroso sol en
madrigueras y sale a cazar
de noche. Se alimenta de
insectos.

DICK TWINNEY

31

Mar de Barents
Mar de Kara
Isla Belyy
Isla Sibiryakov
Golfo de Olenek
Cabo Norte
Isla Mezhdusharskiy
Isla Kolguyev
Bahía de Baydarata
Cabo Kanin Nos
Mar Blanco
Golfo de Obi

Rusia

RUSIA

Uzbekistán

Turquía
Líbano
Iraq
Turkmenistán
Kirguistán

Chipre
Palestina
Kuwait
Afganistán
Tayikistán

MOSCÚ
Siria
Israel
Qatar

Armenia
Azerbaiyán
Kazajistán

Georgia
Mar Negro
GEORGIA TELIS
GEORGIA
EREVÁN
ARMENIA
AZERBAIYÁN
BAKÚ
Mar Caspio

ASTANÁ
KAZAJISTÁN

ULÁN BATOR
Mongolia

MONGOLIA

ANKARA
NICOSIA
TURQUÍA
KURDISTÁN
UZBEKISTÁN
TASKENT
BISKEK
KIRGUISTÁN

TURKMENISTÁN
TAYIKISTÁN
DUSAMBÉ

COREA DEL N
PYONGYANG
PEKÍN (BEIJING)
SEÚL
COREA DEL

CHIPRE
SIRIA
BEIRUT
LÍBANO
DAMASCO
IRAQ
PALESTINA
JERUSALÉN
AMMÁN
ISRAEL
JORDANIA
BAGDAD
KUWAIT
KUWAIT
TEHERÁN
ASJABAD
AFGANISTÁN
KABUL
ISLAMABAD
CACHEMIRA
Nepal
NEPAL
Bután
BUTÁN

China
CHINA

Arabia Saudí
ARABIA SAUDÍ
BAHRÉIN
MANAMA
QATAR
DOHA
ABU DHABI
RIAD
E.A.U.
MASCATE
OMÁN
IRÁN
Irán
PAKISTÁN
Pakistán
NUEVA DELHI
INDIA
TIMBU
KATMANDÚ
BANGLADÉS
DACCA
MYANMAR (BIRMANIA)
NAIPYIDÓ
HANOI
Taiwán
Hainan

Jordania
Mar Rojo

India
Golfo de Bengala
VIENTIÁN
LAOS
TAILANDIA
BANGKOK
VIETNAM
Mar de China Meridional
Luzón
MANILA
Viet
Mar

Bahréin
Mar Arábigo
Bangladés
CAMBOYA
PHNOM PENH
FILIPINAS
Mindanao

SANAÁ
YEMEN
Golfo de Adén
Socotra YEMEN
Islas Lakshadweep INDIA
Minicoy
SRI LANKA
COLOMBO
Sri Lanka
MALASIA
KUALA LUMPUR
BANDAR SERI BEGAWAN
SINGAPUR
SINGAPUR
BRUNÉI
Mar de Célebes
Siberut

Yemen
Omán
Maldivas
MALÉ
Atolón de Malé
Atolón de Ari
Atolón de Addu

KENIA
Emiratos Árabes Unidos
SEYCHELLES
Islas Chagos R.U.
OCÉANO ÍNDICO
Tailandia
Camboya
Borneo
Sumatra
INDONESIA Sula
Mar de Java
YAKARTA
Java
Célebes
Mar de Flores
Mar de B
Ta
TIMOR ORI
Timor

COMORAS
MOZAMBIQUE
MADAGASCAR
MAURICIO
Myanmar
Malasia
Indonesia
Singapur
Timor Or

Mar de Siberia

La cobra

Habita en las zonas cálidas de Asia, en el sureste. Puede llegar a medir hasta 5 m. Las cobras son venenosas y nacen sabiendo cazar.

Estrecho de Bering

Golfo de Anadyr

Mar de Bering

Mar de Ojotsk

ASIA

Es el mayor continente del mundo y el más poblado, donde conviven gran variedad de grupos étnicos y religiones. Su clima y paisaje son igualmente variados: contrasta el frío polar del norte con zonas de desierto en el centro; la pradera esteparia y el bosque de taiga que caracterizan a la Federación Rusa en nada se parecen a los fértiles valles del Tigris y el Éufrates en Oriente Próximo; las heladas cumbres de la gran cordillera del Himalaya –donde se alzan las montañas más altas del mundo, por encima de los 8.000 m– dan paso a tierras de clima tropical y monzónico.

OCÉANO PACÍFICO

Islas Kuriles

Hokkaido

Corea del Norte

JAPÓN
TOKIO

Corea del Sur

Japón

Laos

Gran Muralla, en China.

Filipinas

Brunéi

La pantera de las nieves

La pantera o leopardo de las nieves vive en las altas montañas del Tíbet y el Asia Central. Desgraciadamente, está en peligro de extinción debido a la masiva caza de que ha sido objeto para conseguir su hermosa piel.

NuevaGuinea

El tigre de Siberia

Es el felino más grande. Usa sus cuatro grandes colmillos para agarrar a la presa. En invierno, con temperaturas bajo cero, su pelo se vuelve blanquecino, por lo que no se le distingue entre la nieve.

Las grandes alas del buitre

Gracias a sus enormes alas, el buitre puede volar durante horas a gran altura, aprovechando las corrientes de aire caliente, en busca de alimento. Caza de día y se alimenta de carroña.

Las ranas

Viven en las charcas y lugares húmedos. Sus largas patas traseras les permiten dar grandes saltos. Es el recurso que utilizan para desplazarse y escapar de sus enemigos.

Mar de Kara

Isla Belyy

Isla Sibiryakov

Montes Birranga

Lago Taimir

Península de Taimir

Península de Yamal

Península de Gyda

Bosques

Cabo Norte

Isla Mezhdusharskiy

Isla Kolguyev

Bahía de Baydarata

Golfo de Obi

Montes Putorana

Cabo Kanin Nos

L. Imandra

Inari

Gas

Lince

FEDERA

Mar Blanco

Mezen

Pechora

Oso polar

Lobo

Vuelos privados

Lower

Tunguska

Gravelly Tunguska

Meseta de Siberia Occidental

Yenisey

Angara

Agricultura

Navegación aérea

Irtysh

Caballo

Tobol

L. Chany

Omsk

Novosibirsk

Ishim

Madera

Lago B (1.63)

Lago Seletyteniz

ASTANÁ

Uvs Nuur

Hövsgöl Nuur

Corderos

Lago Tengiz

Irtysh

Selenge

ULÁN B

KAZAJISTÁN

Minería

Lago Zaysan

Alaköl

MONG

Refinería

Mar.

Balkhash

El lince

Es un felino muy astuto y vive en solitario en los bosques, donde pasa desapercibido gracias a las manchas y listones negros de su pelaje. Su fino oído y aguda vista hacen de él un gran cazador.

Los alces

Son inconfundibles por su enorme cornamenta y su gran hocico. Son bastante grandes: pueden alcanzar los dos metros de altura. El alce común vive al norte de Rusia.

Mar de Siberia

DATOS Y CURIOSIDADES

Grandes ciudades
Novosibirsk: 1.400.000 hab.
Omsk: 1.200.000 hab.

Río más largo
Yenisey-Angara: 5.540 km

Montaña más alta
Sopka Kliuchevskaya: 4.675 m

Lago más grande
El Baikal, con 30.500 km^2, es el lago natural más profundo del mundo.

Expediciones

Golfo de Olenek

Golfo de Yana

Olenek

Lena

Meseta de Siberia Central

Yana

Indigirka

Kolyma

IÓN RUSA

Montes Verjoyansk

Viljuy

Indigirka

Kolyma

Omolon

Anadir

Montes de Kolyma

Estrecho de Bering

Lago Krasnoye

Golfo de Anadir

Alce

Lena

Minas de diamantes

Aldan

Minas de oro

Kolyma

Mar de Bering

Transporte de mercancías

Montes Dzhugdzhur

Mar de Ojotsk

Península de Kamchatka

4.675 m
Sopka Kliuchevskaya

Shilka

Amur

Zeya

Minería

Hulun Nur

A

Petróleo

Tigre siberiano

Pesca

Islas Kuriles

UCRANIA

Mar Negro

TURQUÍA

ANKARA

GEORGIA TIFLIS
ARMENIA
ERÉVAN
AZERBAIYÁN
NICOSIA
CHIPRE
BEIRUT
SIRIA
LÍBANO
DAMASCO
PALESTINA
JERUSALÉN
AMMAN
ISRAEL JORDANIA
Suez

Mar Rojo

Lago Nasser

Dátiles

KURDISTÁN

IRAQ

BAGDAD

KUWAIT
KUWAIT

BAHRÉIN
MANAMA
DOHA
QATAR
RIAD
ABU DABI
MASCATE
E.A.U.

ARABIA SAUDÍ

OMÁN

SANAA
YEMEN

Golfo de Adén

Socotra
YEMEN

Corderos

Petróleo

Gas

Refinería de petróleo

Mar Caspio

Volga

Mar Aral

TURKMENISTÁN

ASJABAD

TEHERÁN

IRÁN

Dátiles

Bananas

Corderos

KAZAJISTÁN

ASTANÁ

Lago Seletyteniz

Lago Tengiz

Minería

Lago Zaysan
Alaköl

Balkhash

BISKEK

Lago Ysyk

KIRGUISTÁN

TASKENT

UZBEKISTÁN

DUSAMBE

TAYIKISTÁN

AFGANISTÁN

KABUL

ISLAMABAD

PAKISTÁN

Indo

Sutlej

Refinería de petróleo

Petrolero

8.611 m
K2

CACHEMIRA

Leopardo

8.848.68 m
Everest

NUEVA DELHI

Ganges

INDIA

Tigre de Bengala

Krishna

Mahanadi

Irrys

Madera

Lago Baikal
(1.637 m)

Uvs Nuur

Housgöl Nuur

Selenge

ULÁN BATOR

MONGOI

Camello

Petróleo

Minería

Tarim He

Lóp Nur

Bosten Hu

Qinghai Hu

Río Amarillo

CHIN

Elefante

Cordero

NEPAL
KATMANDÚ

BUTÁN
TIMBU

Brahmaputra

BANGLADESH
DACCA

MYANMAR
(BIRMANIA)

NAIPYIDÓ

RANGÚN

Mekong

Madera

Bosque

HANOI

LAOS

VIENTIANE

VIETNAM

H

Yangtsé

Minería

Golfo de Bengala

El camello
Es el animal mejor adaptado al desierto. Puede caminar muchos días llevando pesadas cargas sin beber. Abunda en los países árabes.

Mar Arábigo

Islas Lakshadweep
INDIA

Minicoy

MALDIVAS
MALÉ

Atolón de Malé
Atolón de Ari
Atolón de Addu

Islas Chagos
R.U.

SRI LANKA
COLOMBO

Combatiente siamés

OCÉANO ÍNDICO

TAILANDIA

BANGKOK

CAMBOYA

PHNOM PENH

MAL

BA

KUALA LUMPUR

L. Toba

SINGAPUR
SINGAPUR

Siberut

Sumatra

M

YAKARTA

Lago Malawi

El yac
Es un animal de gran tamaño y espeso pelaje que vive en las altas montañas del Tíbet y algunas partes de China. Se cría como animal de tiro y labor, y aprovechan su lana, leche y carne.

Panda gigante
Vive al sur de China, en los bosques de bambú, que es su principal alimento. De pequeño se agarra al lomo de su madre; luego aprende a subir a los árboles, y cuando ya pesa mucho, camina entre la maleza.

Minería

Petróleo

Madera

Minería

Macaco

Pesca

Tigre siberiano

Shika *Amur*

Zeya

Huron Nur

Lago Khanka

Islas Kuriles

Sopka Kliuchevskaya

Penín

COREA DEL NORTE

PYONGYANG

Hokkaido

OCÉANO PACÍFICO

SEÚL

COREA DEL SUR

Mar de Japón

JAPÓN

TOKIO

Shikoku

Kyushu

Pesca

Atunes

Islas Ryukyu

Taiwán

Yangtsé

Poyang Hu

ALSE DE LAS GARGANTAS

Trasatlántico

Luzón

MANILA

Mar de Filipinas

FILIPINAS

Mindanao

ERI BEGAWAN

UNÉI

Mar de Célebes

rneo

NDONESIA

Java

Célebes

Flores

Molucas

Sula

DILI

TIMOR ORIENTAL

Sumba *Timor*

Mar de Banda

Tanimbar

Aru

NuevaGuinea

L. Murray

El tapir malayo

Vive en el sureste de Asia y se pasa el día refrescándose en el agua. Se guía por el olfato, que tiene muy desarrollado.

DATOS Y CURIOSIDADES

Grandes ciudades
Tokio: 29.950.000 hab. (es la más poblada del mundo)
Seúl: 14.250.000 hab.

Río más largo
Yangtsé: 6.300 km

Montañas más altas
Everest: 8.848.68 m (es la más elevada del mundo)
K2: 8.611 m

Lago más grande
El mar Caspio, de 371.800 km^2, es el mayor lago del mundo.

Gavial

Esta especie de cocodrilo se alimenta de los peces que caza de noche con sus afilados dientes.

Macacos

El macaco japonés es muy ingenioso. Uno de sus alimentos preferidos es la patata dulce o batata. A diferencia de otros animales, que se la comerían sin lavar, el macaco la frota con agua limpiándola de tierra con las manos.

Señales de paso de canguros en las carreteras australianas.

El ornitorrinco
El hocico en forma de pico de pato y las cortas patas palmeadas son típicos de este extraño mamífero de agua dulce que vive en Australia y Tasmania.

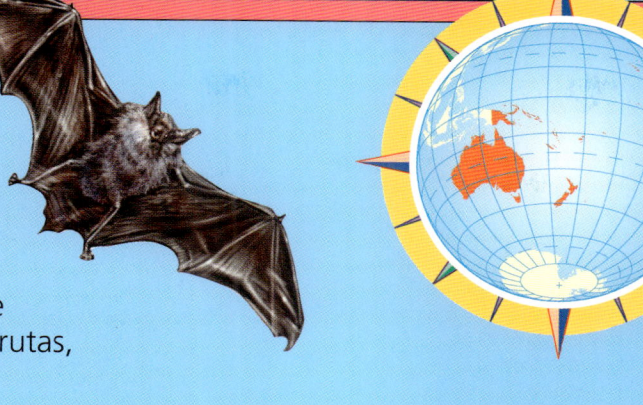

Los murciélagos colicortos

Son los únicos mamíferos terrestres de Nueva Zelanda; están más adaptados a moverse por el suelo y vuelan mucho menos que otros murciélagos. Se alimentan de insectos, carroña, frutas, néctar y polen de las flores.

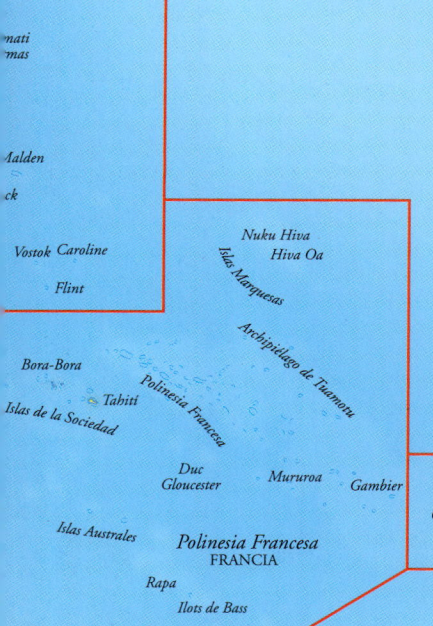

Archipiélago de Hawái EE UU

Hawái

...ati ...mas

Malden ...ck

Vostok Caroline

Flint

Bora-Bora

Islas de la Sociedad

Tahiti

Polinesia Francesa

Islas Marquesas

Nuku Hiva Hiva Oa

Archipiélago de Tuamotu

Duc Gloucester

Mururoa

Gambier

Pitcairn R.U.

Ducie

Oeno Henderson

Pitcairn

Islas Australes

Polinesia Francesa FRANCIA

Rapa

Ilots de Bass

OCEANÍA

Situado en el hemisferio sur, el continente llamado Oceanía se compone de la isla de Australia –la más grande del mundo y considerada a menudo como un pequeño continente–, Nueva Zelanda, Nueva Guinea y miles de islas de origen volcánico (de Polinesia, Melanesia y Micronesia) o coralino (por acumulación de arrecifes de coral). De clima ecuatorial o subtropical, abundan los tifones, las tormentas tropicales y los maremotos. En Australia encontramos desiertos junto con extensos bosques de eucaliptos. En Nueva Zelanda hay ricos pastos para las ovejas y altas montañas, algunas de ellas volcánicas. La mayoría de las islas menores siguen siendo colonias y solo unas cuantas se independizaron en la segunda mitad del siglo XX.

OCÉANO PACÍFICO

Koalas

Las cinco garras de las manos y las cuatro de los pies les ayudan a trepar por los eucaliptos y coger las hojas y tallos; sin embargo, los koalas son muy torpes en el suelo. De pequeños se suben a la espalda de su madre tras salir de la bolsa marsupial.

La carcajada del cucaburra

El cucaburra es un ave de Australia que, cuando sale el sol o cuando se oculta, emite unos ruidos parecidos a risotadas.

El pez payaso

En los arrecifes de coral muchas especies compiten por el espacio y la comida. El pez payaso es uno de ellos y se distingue claramente por sus vivos colores.

¡Vaya cuello!

El clamidosauro de King se encuentra en el norte de Australia. Tiene un aspecto normal… salvo cuando se ve amenazado. Entonces extiende la piel de su cuello a modo de gola, abre bien la boca y silba.

TIMOR ORIENTAL

Mar de Arafura

Mar de Timor

Tierra de Arnhem

Canguro

Cabo Lévêque

Meseta de Kimberley

Gran Desierto de Arena

Servicios de urgencias

Montes Macdonnell

Refinería de petróleo

Petróleo

Cabo roeste

Desierto de Gibson

Lago Amadeus

Minería

AUSTRAL

Turismo

Desierto GranVictoria

Canguro

Lago Barlee

Valle de Nullarbor

Canguro

Lago Gairdner

Canguro

Minas de oro

Cabo Naturalista

Gran Bahía Australiana

Cabo Leeuwin

Foca

Pesca

Tiburón

OCÉANO ÍNDICO

Tra

PORT MORESBY

Woodlark

Península del cabo York

de
ría

Gran Barrera de Arrecifes

Minería

Vacas

Corderos

Darling

Koala

Canguro

Murray-Darling

CANBERRA

Melbourne

Pesca

TASMANIA

tico

sierto
impson

ierto
Sturt

A

uro

Flinders

Pez payaso

Mar del Coral

Mar de Salomón

Archipiélago de Louisiade

HONIARA

Guadalcanal   Santa Cruz
San Cristóbal

ISLAS SALOMÓN

Espíritu
Santo

VANUATU

Efaté

Nueva Caledonia

Ouvéa
Lifou

Nueva Caledonia
FRANCIA

Gran Cordillera Divisoria

Turismo

Lord Howe
AUST.

Ball's Pyramid
AUST.

Sídney

Mar de
Tasmania

El tuátara
Este extraño reptil vive en islotes próximos a Nueva Zelanda y está en peligro de extinción. A menudo forma una comunidad con la pardela, cuya madriguera le sirve para alimentarse de insectos.

DATOS Y CURIOSIDADES

Grandes ciudades
Sidney: 3.502.000 hab.
Melbourne: 3.160.000 hab.

Río más largo
Murray-Darling: 3.750 km

Montaña más alta
Monte Cook: 3.754 m

Lago más grande
El lago Eyre: 9.100 km², que varía durante el año.

Pesca

Isla
del Norte

Kiwi

WELLINGTON

Delfines

3.754 m
Monte Cook

NUEVA ZELANDA

Isla del Sur

Kiwi

Kiwi

Los canguros
Son grandes marsupiales que tienen a sus crías ocho meses en la bolsa mientras maman. Viven en grupos y los machos pelean a veces por el territorio o por una hembra. Gracias a sus patas traseras avanzan a grandes saltos.

Narval
El macho tiene un enorme colmillo de hasta 2 m de largo que sobresale como si fuera un cuerno.

Gerifalte
El gerifalte es uno de los halcones más grandes y poderosos.
Vive en las zonas árticas y subárticas.

Liebre ártica
En verano es de color gris o pardo, pero en invierno es tan blanca como la nieve; así se camufla para protegerse del temible zorro.

Ballena azul
Es el animal más grande del mundo. Pesa hasta 190 toneladas y mide más de 30 m de largo. La hembra es mayor que el macho y puede llegar a comer 4 toneladas de plancton diarias.

DATOS Y CURIOSIDADES

Extensión de Groenlandia
2.500.000 km²; de ellos solo 90.000 (en la costa) se ven libres de los hielos perennes.

Ciudad importante
Godthab: 12.200 hab.

Estatuto político
Groenlandia pertenece a la corona de Dinamarca como condado autónomo.

Alce

Oso polar

Focas

Narval

Caribú

Campamentos

Exploración

Pesca

Godthab

Glaciares, en el Ártico.

Mar de Lincoln

Tierra de Nyeboe

Tierra de Wulff

CANADÁ

Tierra de Hall

Tierra de Knud Rasmussen

Estrecho de Nares

Tierra de Washington

Cuenca de Kane

Tierra de Inglefield

Cabo York

Bahía de Baffin

Qeqertarsuaq

Tierra de Baffin

Estrecho de Davis

Lago Nettilling

Lago Amadjuak

Mar de Labrador

Cabo Morris Jesup

Tierra de Johannes V. Jensen *Cabo Bridgman*

Tierra de Peary *Cabo Eiler Rasmussen*

o polar

Caribú

OENLANDIA
(KALAALLIT NUNAAT)
DINAMARCA

Tierra de Kronprins Christian

Tierra de Lambert

Liebre polar

Isla de Francia

Tierra de Germania

Campamentos

Tierra de la reina Margrethe II *Isla Shannon*

Tierra del rey Christian X

Tierra de Hudson

Focas

Exploraciones

Isla Traill

Tierra de Scoresby

Tierra del Christian IX

Focas *Cabo Brewster*

Estrecho de Dinamarca

Bacalao

ISLANDIA
■ REIKIAVIK

Pesca

Mar de Groenlandia

La foca
El Ártico es el paraíso de las focas. Tienen sus crías en primavera y les dan de mamar. Hacen agujeros en el mar helado para zambullirse y buscar alimento en el agua.

LOS POLOS
El Ártico

En torno al Polo Norte se encuentran las tierras árticas de Alaska, norte de Canadá, Groenlandia, norte de Escandinavia y las costas de Siberia. Dentro del círculo polar ártico se halla el océano Glacial Ártico, que está congelado la mayor parte del año. El verano ártico solo dura dos meses, lo justo para que rebrote la vida vegetal con el deshielo. Entre los territorios árticos está Groenlandia –la segunda isla más grande del planeta–, un pequeño continente donde habitan los inuits (esquimales), que viven de la pesca y la caza.

El oso polar
Vive en las costas del Polo Norte y es un excelente nadador. Con su fino olfato descubre a las focas que están bajo la superficie helada.

Pingüino emperador

Es la variedad de pingüino de mayor tamaño. Durante dos meses el macho incuba los huevos sobre sus pies, mientras la hembra come todo lo que puede en el mar para luego alimentar a las crías, que serán protegidas por ambos tras salir del cascarón.

Foca leopardo

Es la foca más grande de la Antártida. Gran enemiga de los pingüinos y excelente cazadora, no duda en atacar a las crías de otras focas.

La orca

Es el mayor cetáceo de la familia de los delfines. Se caracteriza por sus manchas blancas en contraste con el negro. La orca es una gran cazadora y vive en grupo.

OCÉANO ATLÁNTICO

Foca leopardo

Mar de Weddell

Isla Berkner

Campamentos

Plataforma de hielo de Ronne

Mar de Bellingshausen

A M

Polo sur geográfico

Isla Thurston

Orca

Pingüino

Plataforma de hielo de Ross

Mar de Amundsen

Isla Ross

Ballena azul

Mar de Ross

OCÉANO PACÍFICO

Ballena yubarta

44

OCÉANO ÍNDICO

Icebergs, en la Antártida.

Pingüino

...radores

Campamentos

...ÁRTIDA

Expediciones

Pingüino

+ *Polo sur geomagnético*

Estaciones investigación

Pingüino

Pingüino

Pingüino

Polo sur magnético +

Isla ...lleny

LOS POLOS
La Antártida

En el Polo Sur está situado el continente de la Antártida. Los hielos perennes y la nieve tapizan su territorio, que sufre unas temperaturas extremadamente bajas (las más bajas del planeta) y fuertes vientos helados. Es el continente de mayor altura del mundo, con una media de 2.650 m. En ocasiones, el hielo se rompe y se forman icebergs, que flotan y se desplazan por el océano. No hay países en la Antártida: las únicas personas que la habitan son científicos que trabajan en las cerca de setenta estaciones de investigación que hay instaladas.

Ballena yubarta

La cría de la yubarta, un tipo de ballena azul, pesa 2,5 toneladas y mide más de 4 m. La leche de la madre es tan rica y toma tal cantidad que en una semana duplica su peso.

DATOS Y CURIOSIDADES

Extensión
14.107.637 km^2

Habitantes
Científicos de varios países en unas 70 estaciones

Montaña más alta
Macizo de Vinson: 5.140 m

Temperaturas
Media anual de -56 °C

Primero en llegar
El noruego Amundsen, el 14 de diciembre de 1911

Las alas del albatros

Gracias a sus largas alas, estas aves son excelentes voladoras que viven en el mar y solo van a tierra para anidar sobre la nieve.